AF602225

Vente du Samedi 4 Mars 1876

SALLE N° 1

TABLEAUX

PEINTS PAR

Daliphard (Ed.),
Daubigny (Karl),
Feyen-Perrin,
Groiseilliez (M. de),
Hanoteau (Hector),
Jundt (Gustave),
Lapostolet (Charles),
Lemaire (Louis),
Mouillon,
Potemont.

EXPOSITIONS:

PARTICULIÈRE: Le Jeudi 2 Mars 1876.
PUBLIQUE: Le Vendredi 3 Mars 1876.

Commissaire-Priseur,
Me CHARLES PILLET,
10, rue de la Grange-Batelière.

Expert,
M. FÉRAL, Peintre,
54, rue du Faubourg-Montmartre.

1876

CATALOGUE

DE

TABLEAUX

PEINTS PAR

Daliphard (Ed.),	*Jundt (Gustave),*
Daubigny (Karl),	*Lapostolet (Charles),*
Feyen-Perrin,	*Lemaire (Louis),*
Groiseilliez (M. de),	*Mouillon,*
Hanoteau (Hector),	*Potémont,*

DONT LA VENTE AURA LIEU

HOTEL DROUOT, SALLE N° 8

Le Samedi 4 Mars 1876

A TROIS HEURES

EXPOSITIONS :

PARTICULIÈRE : LE JEUDI 2 MARS 1876.
PUBLIQUE : LE VENDREDI 3 MARS 1876.

De 1 heure à 5 heures.

M° CHARLES PILLET,	M. FÉRAL,
COMMISSAIRE-PRISEUR,	PEINTRE-EXPERT
10, rue de la Grange-Batelière.	54, rue du Faubourg-Montmartre.

1876

CONDITIONS DE LA VENTE

Elle sera faite au comptant.

Les acquéreurs payeront *cinq pour cent* en sus des adjudications.

Paris. — Typ. PILLET fils aîné, 5, rue des Grands-Augustins.

Dix artistes, MM. Daliphard, Karl Daubigny, Feyen-Perrin, Groiseilliez, Hanoteau, Jundt, Lapostolet, L. Lemaire, Mouillon et M. Potémont, ont, deux années de suite, mis en vente à l'Hôtel Drouot un certain nombre de leurs toiles.

L'accueil bienveillant qu'ils ont reçu des amateurs a été pour eux le plus précieux des encouragements ; aussi viennent-ils pour la troisième fois soumettre au public les résultats de leurs nouveaux efforts.

Résumé des Ventes.

		report.	14,660 f. „
Daliphard	1160 f. „	Jundt	3.185 . „
Daubigny K.	3930 . „	Lapostolet	3.315 . „
Feyen Perrin	2765 .	Lemaire	2.130 . „
Groiseilliez (do)	1990 . „	Mouillon	1.020 . „
Hanoteau	4815 . „	Potémont	1,130 . „
à reporter...	14,660 f. „	Total.	25,440 f. „

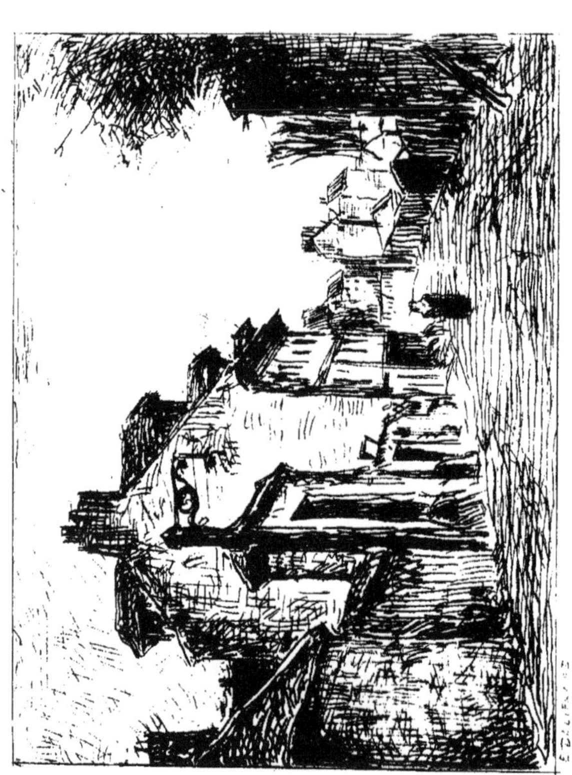

DÉSIGNATION

DALIPHARD (ÉDOUARD)

1 — La rue du Pot-au-Lait à Paris, quartier de la Glacière, XIIIe arrondissement.

Toile de 6. Haut., 33 cent.; larg., 40 cent. 170 »

2. — Une belle nuit de pêche, effet de lune. Côtes du Pas-de-Calais.

Toile. Haut., 50 cent.; larg., 72 cent. 135 »

305

 305 f.

3 — La Plage d'Ault (Somme). Baigneuses. 170 .

Haut., 32 cent.; larg., 24 cent.

4 — Baie de Somme, au fond le Crotoy, marée basse. 130 .

Toile. Haut., 65 cent.; larg., 1 mètre.

5 — Inondation dans les prairies des environs de Gournay (Seine-Inférieure). 245 .

Toile. Haut., 27 cent.; larg., 40 cent.

6 — Les Grandes falaises du bourg d'Ault (Somme). 150 .

Toile. Haut., 25 cent.; larg., 40 cent.

7 — Le Chemin des peupliers au Val d'Aulnay près Sceaux. 160 .

Toile. Haut., 42 cent.; larg., 25 cent

1160 f.

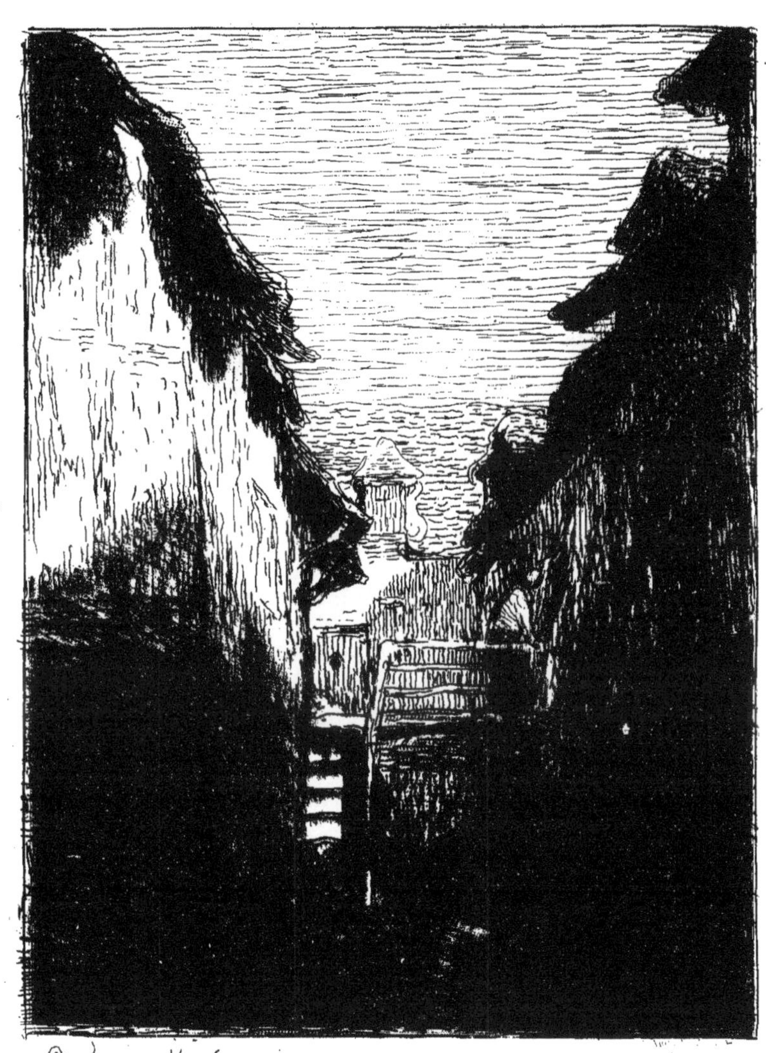

DAUBIGNY (KARL)

8 — Rue 39 à Honfleur.

Haut., 53 cent.; larg., 40 cent.

9 — Bords de la Seine.

Haut., 75 cent.; larg., 44 cent.

10 — Bords de l'Oise à Auvers.

Haut., 55 cent.; larg., 38 cent.

11 — Bords de la Seine à Lavacourt.

Haut., 53 cent.; larg., 36 cent.

12 — Les Pêcheries, à Dieppe.

Haut., 56 cent.; larg., 40 cent.

13 — Honfleur.

Haut., 78 cent.; larg., 40 cent.

14 — Bords de la Seine à Conflans.

Haut., 83 cent.; larg., 46 cent.

FEYEN-PERRIN

15 — Ronde des étoiles. 370 „

Haut., oo cent.; larg., oo cent.

16 — Etudes de Bretonnes. 910 „

Haut., oo cent.; larg., oo cent.

17 — Une laitière. 410 „

Haut., oo cent.; larg., oo cent.

18 — L'Attente. 205 „

Haut., oo cent.; larg., oo cent.

19 — Le Printemps. 470 „

Haut., oo cent.; larg., oo cent.

20 — Etude. 400 „

Haut., oo cent.; larg., oo cent.

2765 „

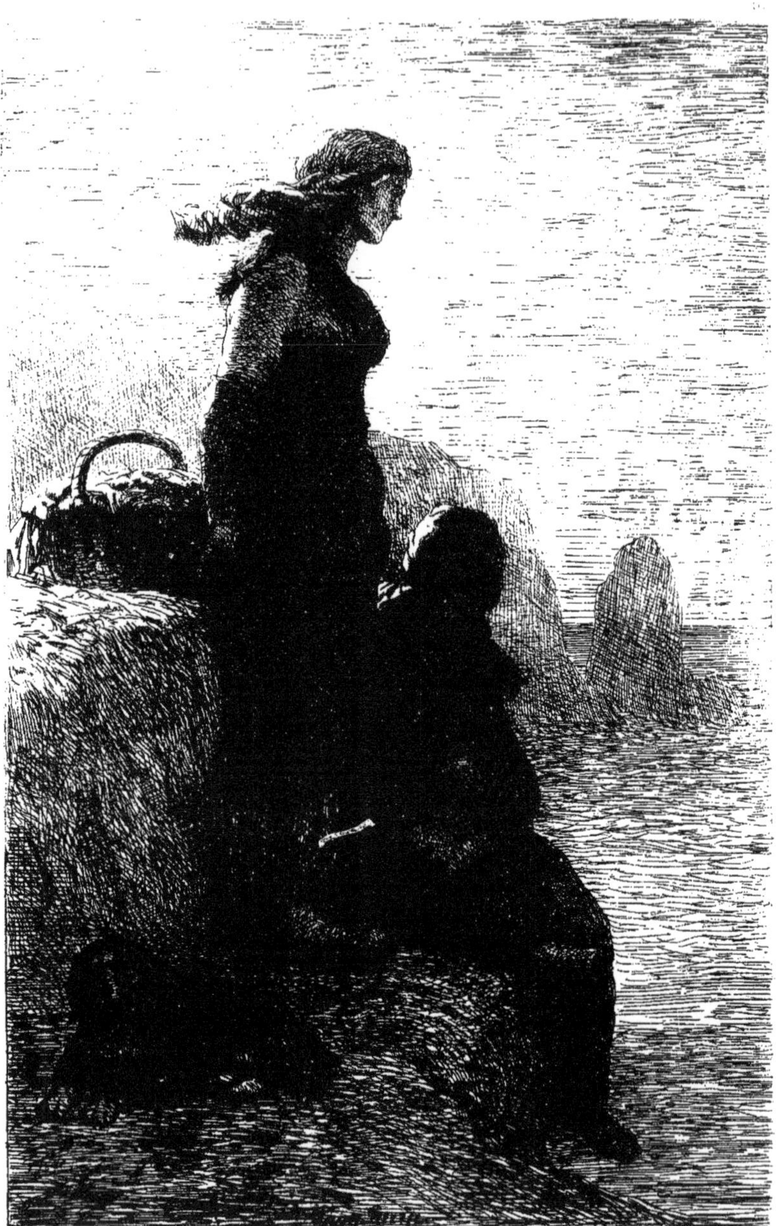

Feyen-Perrin, del. et sculp. A. CADART, Edit. Imp. Rue N^{ve} des Mathurins, 58, Paris.

LES FILLES DU PÊCHEUR (Ile de Batz)

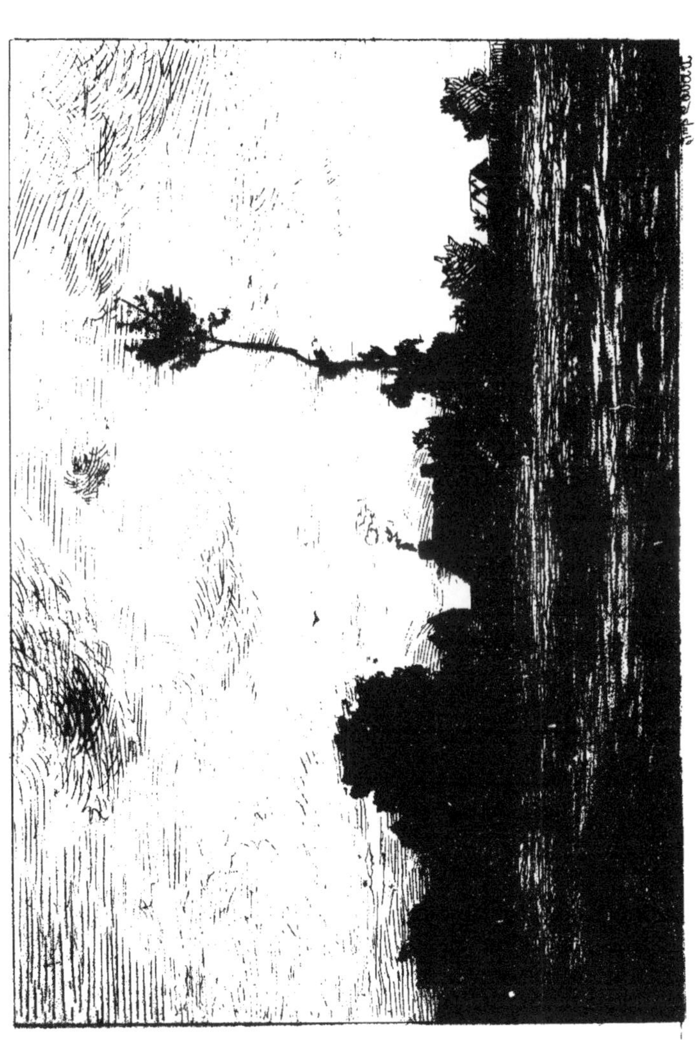

GROISEILLIEZ (MARCELLIN DE)

21 — La Tamise à Londres.

Haut., 31 cent.; larg., 22 cent.

22 — Soleil couchant à Moussy en Vexin.

Haut., 64 cent.; larg., 42 cent.

23 — Le Moulin neuf (effet du matin).

Haut., 55 cent.; larg., 46 cent.

24 — Le Pont de Brignancourt.

Haut., 75 cent.; larg., 48 cent.

25 — La Vallée de la Scie.

Haut., 75 cent.; larg., 48 cent.

26 — Avant la pluie.

Haut., 55 cent.; larg., 41 cent.

27 — Une rue à Remoulins (Gard).

Haut., 35 cent; larg., 26 cent

HANOTEAU (HECTOR)

28 — Souvenir du Morvan. 225 »

Haut., 24 cent.; larg., 33 cent.

29 — La Maisonnette. 460 »

Haut., 35 cent.; larg., 48 cent.

30 — Le Premier labour. 600 »

Haut., 42 cent.; larg., 56 cent.

31 — Les Osiers de la Mâre. 760 »

Haut., 62 cent.; larg., 89 cent.

32 — Sous les arbres. 750 »

Haut., 81 cent.; larg., 1 mètre.

33 — La Vieille forge. 1620 »

Haut., 98 cent.; larg., 1,30 cent.

34 — Le Déversoir. 400 »

Haut., 35 cent.; larg., 48 cent.

4.815 »

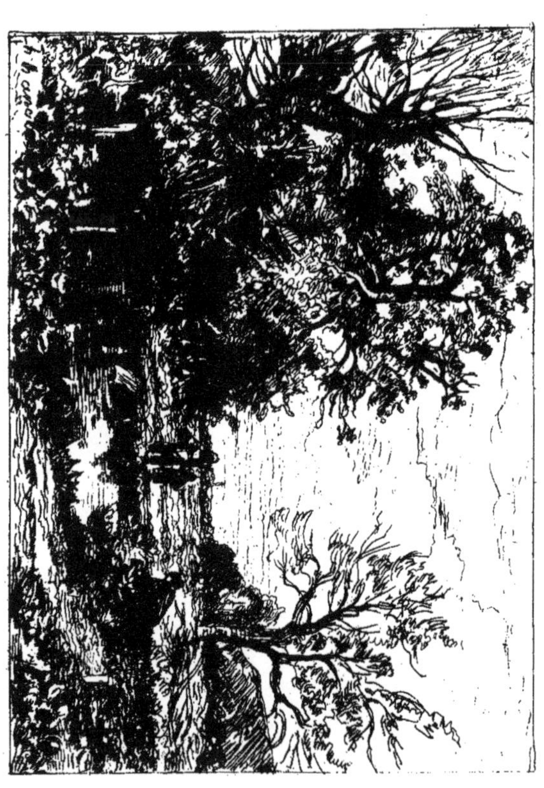

JUNDT (GUSTAVE)

35 — Au bord de l'eau. 1000 „

Haut., 61 cent.; larg., 50 cent.

36 — La Meunière. 305 „

Haut., 56 cent.; larg., 46 cent.

37 — L'Eglantier. 380 „

Haut., 50 cent.; larg., 61 cent.

38 — Marguerite. — Esquisse terminée du tableau exposé en 1868. 460 „

Haut., 00 cent.; larg., 00 cent.

39 — Le Dimanche matin. — Esquisse terminée du tableau exposé en 1873. 460 „

Haut., 00 cent.; larg., 00 cent.

40 — Le Repos. 285 „

Haut., 40 cent.; larg., 56 cent.

41 — Jeune Fille. 295 „

Haut., 61 cent.; larg., 50 cent.

3,185 „

LAPOSTOLET (CHARLES)

42 — Vue prise à Paris.

Haut., oo cent.; larg., oo cent.

43 — Vue prise à Paris.

Haut., oo cent.; larg., oo cent.

44 — Vue prise à Dordrecht (Pays-Bas).

Haut., oo cent.; larg., oo cent.

45 — Vue prise à Paris.

Haut., oo cent.; larg., oo cent.

46 — Vue prise à Rouen.

Haut., oo cent.; larg., oo cent.

47 — Vue prise à Dordrecht.

Haut., oo cent.; larg., oo cent.

48 — Vue prise à Paris.

Haut., oo cent.; larg., oo cent.

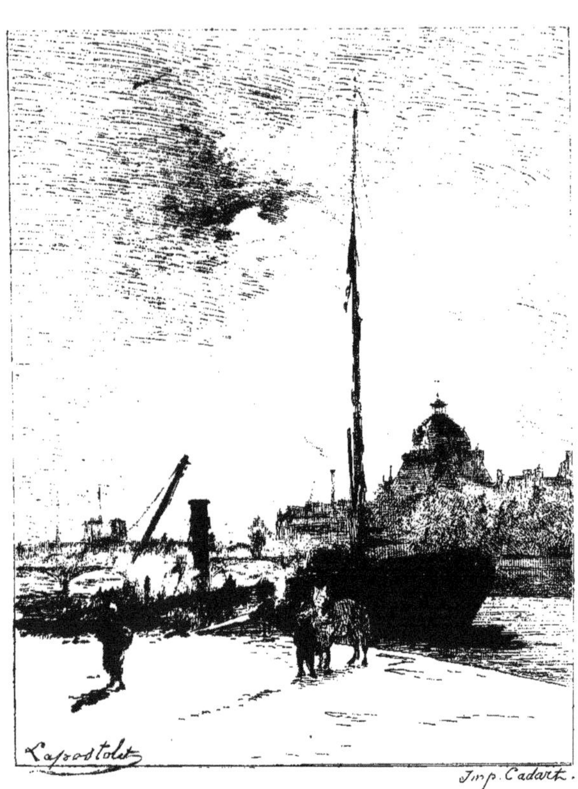

Imp. Cadart.

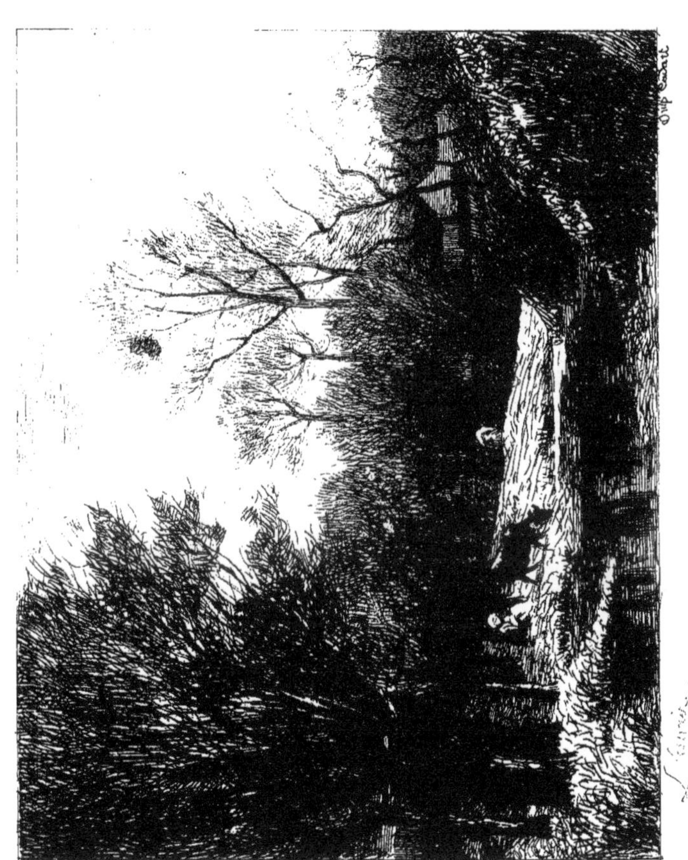

LEMAIRE (Louis)

49 — Les Saules, à La Ferté-sous-Jouarre. 360 f. „

Haut., 46 cent.; larg., 55 cent.

50 — Marguerites. 660. „

Haut., 60 cent.; larg., 73 cent.

51 — Au printemps, à La Ferté-sous-Jouarre. 220. „

Haut., 46 cent.; larg., 73 cent.

52 — Pommiers en fleurs. 340. „

Haut., 48 cent.; larg., 74 cent.

53 — Roses et chèvrefeuille. 280. „

Haut., 33 cent.; larg., 40 cent.

54 — Une chaumière dans le Pas-de-Calais. 270. „

Haut., 46 cent.; larg., 73 cent.

2,130 f. „

MOUILLON (A.)

55 — Tourville sur mer. 120 f. "

Haut., 30 cent.; larg., 40 cent.

56 — Marée basse. 210 . "

Haut., 55 cent.; larg., 32 cent.

57 — Un Pommier. 165 . "

Haut., 40 cent.; larg., 55 cent.

58 — Entrée de village. 110 . "

Haut., 54 cent.; larg , 35 cent.

59 — La Vallée. 150 . "

Haut., 82 cent.; larg., 50 cent.

60 — Maison normande. 125 . "

Haut., 47 cent.; larg., 39 cent.

61 — Le Chemin du cabaret. 100 . "

Haut., 37 cent.; larg., 46 cent.

1,020 f. "

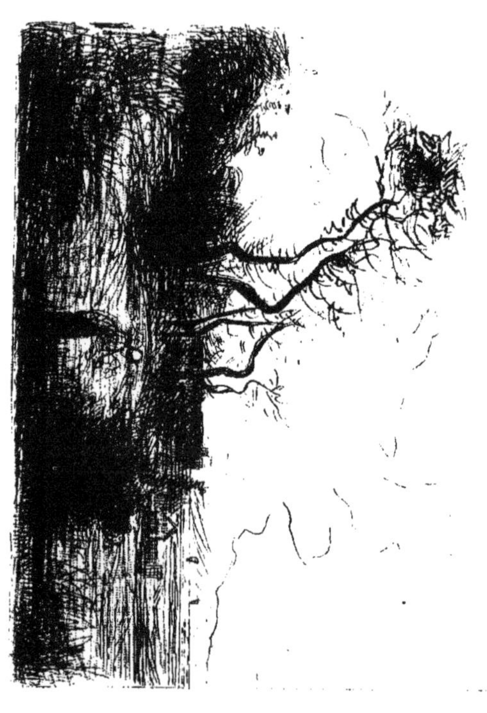

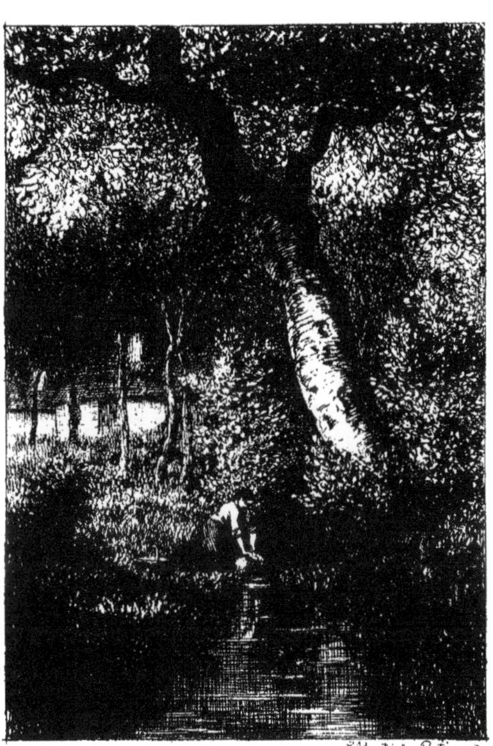

A. Martial. Potémont

Imp. Vve Cadart à Paris.

POTÉMONT (CHARLES)

62 — Environs de Trouville. 110 f. "

Haut., 38 cent.; larg., 56 cent.

63 — Laveuse. 215. "

Haut., 43 cent.; larg., 32 cent.

64 — Joueurs de boules. 180. "

Haut., 33 cent.; larg., 45 cent.

65 — Retour du marché. 165. "

Haut., 54 cent.; larg., 70 cent.

66 — Entre cour et jardin, village de Toucques. 200. "

Haut., 53 cent.; larg., 45 cent.

67 — Un chemin à Toucques. 150. "

Haut., 53 cent.; larg., 44 cent.

68 — Un clos près Trouville. 110. "

Haut., 38 cent.; larg., 56 cent.

1130 f. "

www.ingramcontent.com/pod-product-compliance
Ingram Content Group UK Ltd.
Pitfield, Milton Keynes, MK11 3LW, UK
UKHW020514180726
13839UKWH00005B/2078